LE GOUVERNEMENT OCCULTE

DE LA FRANCE.

PÉTITION

adressée à la Chambre des Députés,

A VERSAILLES.

PAR

ERNEST FALIGAN,

DOCTEUR EN MÉDECINE,

HOMME DE LETTRES,

Le 6 Octobre 1878 et le 15 Mars 1879.

Messieurs les Députés,

J'ai l'honneur d'appeler votre attention sur deux séquestrations arbitraires accompagnées de violences corporelles, sur des arrestations illégales et sur divers autres excès de pouvoir commis sur ma personne par des employés de la police, et dans lesquels les magistrats chargés de la surveillance de ces fonctionnaires ont aussi leur part de complicité, car ces actes leur ont été plusieurs fois signalés, soit par moi, soit par d'autres personnes, sans qu'ils aient jamais rien fait pour les réprimer. Ils les ont même favorisés en plusieurs circonstances par une connivence plus ou moins directe, et je ne m'adresse à vous, Messieurs, qu'après avoir vainement fait appel à toutes les autorités chargées d'une façon plus spéciale de veiller sur la liberté des citoyens, et de les protéger contre les abus de pouvoir et les mauvais traitements.

Des faits que ma conscience me fait un devoir de vous révéler, les uns m'intéressent personnellement, les autres sont arrivés à ma connaissance pendant les séquestrations que j'ai subies ou dans le cours de la lutte que je soutiens depuis plus de six ans pour échapper à la contrainte qu'on veut exercer sur ma volonté. Mais il existe entr'eux une relation si intime qu'il me serait impossible de les séparer. Ceux qui me touchent directement sont d'ailleurs d'une nature trop grave pour que je puisse les taire plus longtemps. Vous le reconnaîtrez vous-même lorsque vous en serez instruits.

I.

Le 13 janvier 1873, à dix heures du matin, je recevais une lettre du commissaire de police de Passy, où j'habitais alors, Rue Vineuse, 3. Cette lettre m'invitait à me présenter chez lui pour affaire me concernant. A une heure de l'après-midi, au moment où je sortais de chez moi pour m'y rendre, j'étais accosté par un individu se disant secrétaire de ce commissaire de police, lequel m'enjoignait de le suivre, et, sur mon refus, appelait un sergent de ville pour lui prêter main-forte.

Arrivé chez le commissaire je fus, sur son ordre, mis dans un fiacre, puis conduit à la Préfecture de police, où l'on m'enferma dans une cellule de l'infirmerie du dépôt. Enfin, le lendemain à 4 heures du soir, on me fit monter dans une voiture cellulaire qui me conduisit à la maison d'aliénés de Charenton, où je fut incarcéré. Pendant mon séjour au dépôt, on m'avait fait comparaître devant deux médecins que je ne connaissais pas, mais qu'on me dit être les docteurs *** et ***, et ces deux médecins m'avaient fait subir, l'un après l'autre, un simulacre d'examen qui, tout dérisoire qu'il fût, avait dû cependant les convaincre que j'avais la pleine et entière possession de ma raison.

Je venais de passer quinze jours dans ma famille. J'étais de retour à Paris depuis huit jours lorsqu'on m'avait arrêté. Rien absolument dans mes antécédents ni dans ma conduite ne pouvait justifier une pareille mesure. Tout se réunissait au contraire, je le prouverai tout à l'heure, pour établir qu'elle était inutile. A Charenton, malgré mes protestations, dont la forme très-nette et très-catégorique embarrassa plus d'une fois, car on n'y trouva rien à répondre, le médecin en chef de l'établissement, le Dr *** maintint mon arrestation.

Je suis docteur en médecine, et bien que je n'exerce pas, j'ai suivi pendant près de huit années les hôpitaux ; j'ai fait en outre de très-longues et très-sérieuses études théoriques. Il était difficile, alors que je possédais l'usage complet de ma raison, de me faire croire que je l'avais perdu, de me persuader même que j'étais malade. Aussi ne l'essaya-t-on point. On ne pouvait non plus m'empêcher de voir ce qui se passait autour de moi, et l'on me donna très-clairement à entendre que les maisons d'aliénés sont des maisons, non de santé, mais de correction, où l'on soumet les prisonniers aux traitements les plus odieux et les plus condamnables. Je ne tardai pas du reste à me convaincre par mes propres yeux que, loin d'exagérer, on restait bien au-dessous de la vérité.

Je vais émettre des assertions très-graves. Mais je les émets avec une entière certitude, acquise pendant plus de six années d'observations et d'études ; et je vous prie, Messieurs, de vouloir bien les examiner avec toute l'attention que mérite leur gravité. Vous vous convaincrez, j'en suis sûr à l'avance, qu'elles sont fondées.

L'aliénation mentale n'est point, fort heureusement, une maladie si fréquente que le prétendent des statistiques intéressées. Sans entrer dans des discussions scientifiques qui seraient ici déplacées, je puis dire qu'elle est très-rare. Je puis même affirmer qu'à Charenton, pendant un séjour de huit mois et demi, je n'ai point vu d'aliénés dans le sens propre et médical du mot : mais des gens qu'on maintenait dans un état de surexcitation ou d'aberration mentale à l'aide de substances toxiques administrées à doses savamment calculées, et de façon à produire des ensembles de phénomènes depuis longtemps décrits comme constituant des maladies naturelles.

Les séquestrés qui forment la population habituelle de ces maisons peuvent être divisés en deux catégories :

Les uns ont, d'une façon plus ou moins grave, enfreint les lois sociales ou naturelles ; et soit qu'on ne puisse, soit qu'on ne veuille pour différents motifs les faire comparaître devant les tribunaux, — au châtiment légal on substitue la séquestration d'abord, puis, pendant sa durée, des châtiments corporels dont la gravité varie avec celle du délit ou du crime.

Les autres sont des gens qui n'ont aucun délit à se reprocher, mais sur la volonté desquels, pour un motif ou pour un autre, on veut exercer une contrainte. Ce sont la plupart du temps des témoins d'actes illégaux ou criminels qu'on veut faire disparaître, dont on veut du moins étouffer la voix, ou bien des jeunes gens que leurs familles veulent contraindre à contracter un mariage, à embrasser une profession qui leur répugne, à empêcher tout au moins d'entrer dans une carrière vers laquelle ils se sentent entraînés.

Ces derniers sont naturellement les moins maltraités. On les fait souffrir, mais de façon à ne pas altérer leur santé ou leur raison d'une façon durable. Même réduite à ces limites, l'action des toxiques reste encore puissante et variée, et l'on peut faire cruellement souffrir, quand on sait s'en servir avec habileté. Vous pouvez m'en croire, car je parle ici d'après ma propre expérience, et je n'avance rien que je n'aie personnellement éprouvé.

On est soumis à l'action, soit continue, soit intermittente des aphrodisiaques, et pendant qu'on est sous leur influence, les gens qui vous entourent cherchent, en tenant des propos licencieux, en éveillant dans votre esprit des images, des souvenirs érotiques, à surexciter en vous le désir des relations sexuelles. On fait grand usage aussi des purgatifs, si variés, et dont quelques-uns sont si gênants ou si douloureux. A l'aide de substances dont je n'ai pu découvrir la nature d'une façon positive, parce qu'on fait probablement usage de mélanges, mais dont j'ai très-nettement reconnu l'action physique sur le système nerveux, on vous plonge dans des accès périodiques d'abattement, de langueur, de tristesse, d'angoisse et même de désespoir, qui vous rendent l'existence insupportable, vous font perdre du moins le sens exact et précis des choses, et vous enlèvent, si l'on n'y prend garde, toute fermeté d'esprit et de volonté, toute patience et toute force de résistance. Avec d'autres poisons on jette le système nerveux dans un tel état de surexcitation et d'éréthisme que tous les bruits extérieurs y déterminent des sensations douloureuses, et que la moindre contradiction, la plus légère provocation suscitent des accès de colère, parfois même de fureur, lorsqu'on n'exerce pas sur les mouvements de l'âme une surveillance de tous les instants, aussi pénible qu'elle est difficile. D'autres fois on y développe des douleurs névralgiques intolérables, et parfois de véritables crises. On administre des substances qui décomposent ou déforment les traits du visage, brunissent la peau, font blanchir prématurément les cheveux et la barbe, etc.

On vous soumet en même temps à un régime prémédité de tracasseries, de vexations, d'injures, d'outrages, de dénis de justice, le tout calculé de façon à vous rendre l'existence insoutenable. On vous refuse ou l'on vous fait attendre indéfiniment les choses les plus nécessaires. On choisit pour vous soumettre à ces provocations les moments où l'on vous a jeté, à l'aide de oxiques, dans l'état le plus violent de surexcitation, et toute parole un peu vive, tout refus d'obéissance est puni par des châtiments corporels : bains prolongés jusqu'à l'épuisement, douches contondantes, application de la camisole de force ; ou par le transfert dans des divisions où les prisonniers sont soumis à un régime-toxique d'une violence toute particulière. Pour avoir dit un jour à un médecin de l'établissement M. * * *, qui, journellement à sa visite me raillait, que je ne souffrirais pas plus longtemps qu'il me traitât de la sorte, il me fit prendre un bain de deux heures, et appliquer une douche en colonne, de force contondante, sur la colonne vertébrale.

On essaie en outre, par toutes sortes d'insinuations malveillantes, d'allusions, de récits mensongers et de manœuvres inqualifiables de vous troubler l'esprit, de vous irriter contre les personnes qui vous sont le plus favorables et qui pourraient vous venir en aide, afin de vous en éloigner ; enfin on cherche à vous donner, soit sur votre situation personnelle, soit sur celle de vos parents, les idées les plus exagérées et le plus en désaccord avec la réalité, afin de vous induire à des démarches, à des actes qu'on puisse présenter comme extravagants ou coupables [1]. En un mot, on se sert, sans scrupule aucun, des moyens les plus odieux et les plus cruels pour vaincre la résistance ou pour effrayer.

Quant aux personnes qu'on séquestre parce qu'elles ont commis des actes délictueux ou criminels, on les soumet à de véritables supplices, ou, par une administration tantôt continue, tantôt intermittente de poisons, on détermine dans leur organisme des troubles si graves, qu'au bout d'un temps plus ou moins long, ces troubles ont fatalement la mort pour conséquence.

J'ai vu de ces malheureux qu'on jetait périodiquement dans des accès de démence, de fureur ou de délire nerveux, accès dans les symptômes desquels j'ai manifestement reconnu l'action de substances toxiques. Chez quelques-uns même, le système nerveux était maintenu dans un tel état de susceptibilité, qu'à toute impression un peu forte, il entrait en vibration comme sous le coup d'une décharge électrique et déterminait des crises nerveuses, des accès de fureur. Loin de leur éviter ces commotions, les infirmiers chargés de leur garde se faisaient un jeu de provoquer les accès, d'en accroître et d'en prolonger les paroxysmes déjà si douloureux. D'autres, plus maltraités encore, étaient assaillis alors par une bande de gardiens, bousculés, terrassés, frappés même après qu'ils avaient cessé toute résistance et demandaient grâce ; puis on leur mettait la camisole de force.

D'autres, par une paralysie lente et progressive, étaient conduits au dernier degré de l'hébètement intellectuel et physique. D'autres enfin, frappés à des intervalles réguliers de congestions, d'apoplexies, de paralysies brusques, languissaient infirmes

[1] Dans une plainte que je dus adresser à M. le Procureur-Général près la Cour d'appel de Rennes et qui lui fût transmise le 3 Janvier 1877 par le Comité de la Société des Gens de Lettres, j'ai décrit quelques-unes de ces manœuvres dans le plus grand détail.

jusqu'au jour où la dernière attaque les venait enfin délivrer d'une existence qui n'était plus qu'une longue torture.

Je n'avance rien que je n'aie vu, car j'ai vécu pendant huit mois et demi à Charenton, je me suis trouvé souvent au milieu de ces malheureux, et j'ai pu suivre, sur un certain nombre d'entr'eux, la marche et les progrès du mal. Je n'ai pas tout vu cependant, et bien des choses ont dû m'échapper, surtout au début, mon attention n'étant pas alors attirée sur ces faits autant qu'elle le serait aujourd'hui. Il m'a fallu quelque temps, je l'avoue, pour remonter à la véritable cause de toutes les souffrances dont j'étais témoin ; et j'ai d'abord repoussé les soupçons qui me venaient à l'esprit, ne pouvant croire que de nos jours, dans un établissement de l'Etat placé sous la surveillance de hauts fonctionnaires et de magistrats, on appliquait presque ouvertement, et au mépris de toutes les lois, un pareil système de torture physique et morale. Je dus cependant me rendre à l'évidence, et l'attitude des médecins de l'établissement contribua puissamment à m'ouvrir les yeux. Non-seulement ils acceptent de décrire, de traiter comme des maladies naturelles ces empoisonnements ; mais ils se font en maintes circonstances les exécuteurs des vengeances qu'on exerce sur les prisonniers, ou des châtiments qu'on leur inflige. Quoiqu'il eût suffi, la plupart du temps, de recherches très-faciles, par exemple d'une analyse, même superficielle, des urines, pour reconnaître la présence du poison dans l'organisme, jamais ils ne se livraient à de pareils examens ; et s'ils s'en abstenaient, ce n'était certes pas par ignorance de ce qui se passe, car les symptômes étaient trop évidents pour qu'ils les pussent méconnaître, c'était par connivence.

Ils sont les agents dociles du pouvoir occulte qui commande en maître dans ces maisons. Ils ont, dans cette organisation, un rôle spécial à jouer, et ce rôle consiste à prendre au sérieux tous les rapports qui leur sont faits sur l'état des prisonniers sans jamais les contrôler d'une manière véritablement scientifique, et à appliquer à ces malheureux, sous forme de médication, les mauvais traitements qui leur sont indiqués par les termes mêmes de ces rapports. C'est si bien la vérité, qu'ils ne prennent point eux-mêmes leur mission de médecin au sérieux. Jamais je ne les ai vus faire un seul interrogatoire digne de ce nom, ni essayer d'un traitement suivi pour améliorer l'état de leurs malades. Quand ils les questionnent, c'est pour les railler, les provoquer, ou les bafouer; ou bien pour les intimider, et leur faire entendre, en termes à peine couverts, ce qu'on exige d'eux ou quelles conditions on met à leur délivrance.

Par quels moyens on détermine des gens qui pourraient gagner autrement leur vie à faire un pareil métier, je ne le sais point, et ne prétends pas le deviner. Mais l'intimidation y doit probablement entrer pour une part, et l'intérêt pour une autre, car ils savent mieux que personne que si les maisons d'aliénés n'étaient pas transformées en maisons de correction, elles demeureraient presque entièrement vides, et la plupart d'entre eux seraient à peine capables de faire d'obscurs praticiens. Ce sont de pareils hommes, pourtant, qui, dans nombre de circonstances, décident souverainement du sort de leurs concitoyens, dont la liberté se trouve à la merci d'un rapport rédigé par leur plume ignorante ou vénale

Avec la loi actuelle des aliénés, en effet, nul n'est sûr de sa liberté. Lorsque, pour une cause ou pour une autre, on veut faire enfermer quelqu'un, on s'arrange de façon à lui administrer des substances toxiques, on le provoque pendant qu'il est sous leur influence, afin de l'induire à commettre des violences ou des actes d'apparence bizarre; on l'arrête, on le soumet à l'examen d'un médecin peu scrupuleux qui déclare que la personne arrêtée *présente les symptômes* de telle ou telle affection mentale décrite dans les livres des médecins aliénistes; puis on l'enferme.

Les choses se passeraient tout différemment, au moins dans nombre de cas, si l'on exigeait la signature, non pas d'un, mais de plusieurs médecins, et si l'on obligeait de déclarer, non pas seulement que la personne soumise à l'examen présente tel ou tel symptôme, mais aussi qu'on s'est assuré, par des recherches convenables, que ces symptômes ne sont point produits par l'administration de substances toxiques. Ce serait, avec une enquête préalable à laquelle on ne procède jamais, une précaution indispensable. Mais cette précaution, on s'est bien gardé de la prendre jusqu'à présent, et pour cause ; et bien que tout le monde reconnaisse, proclame la nécessité d'une réforme de la loi actuelle des aliénés, cette réforme cependant n'a jamais pu s'accomplir. Après les explications dans lesquelles je viens d'entrer, je n'ai pas besoin de vous dire quelle influence occulte et toute puissante l'a toujours empêchée de se réaliser.

II.

Ma première préoccupation, lorsqu'on m'eût enfermé à Charenton fût de chercher à savoir pour quel motif on m'avait arrêté. On ne me l'a jamais dit d'une façon catégorique, car on ne voulait point avoir l'air d'exercer une contrainte sur ma volonté ; mais, par toutes sortes de moyens indirects et de détours, on me le donna très-clairement à entendre.

— Vous êtes entièrement libre de vos déterminations, répondait-on à toutes mes demandes ; nous ne voulons vous contraindre en rien. » Puis, par toutes sortes de pressions occultes, on essayait de me conduire au point où l'on voulait m'amener. J'eus d'autant moins de peine à comprendre, qu'avant de recourir au moyen extrême de la séquestration, on avait essayé de procédés moins rigoureux.

On avait décidé de me marier. Etait-ce sur la demande de mes parents ou seulement après les avoir consultés ? Je l'ignore. Ce que je puis dire, c'est qu'en toute cette affaire et depuis lors, ils n'ont cessé d'agir, mon père surtout, en parfait accord avec le pouvoir occulte que je vous dénonce. J'avais quarante ans, j'étais homme de lettres, employé à la Bibliothèque Nationale de la Rue de Richelieu, et légalement maître absolu de mes actions. N'ayant aucune prise directe sur moi, on eût recours à la ruse, et, afin de mieux m'attirer dans le piège, on me le fit tendre par mon père, pour lequel on savait que j'avais beaucoup d'affection et de respect. Il me sollicita de prendre un congé pour l'aller voir, me le fit même accorder par l'Administrateur-Général de la Bibliothèque, qui était alors M. ***, et, comme je tardais, il vint me chercher à Paris. Pour mieux me décider, depuis quelque temps, par toutes sortes de tracasseries, on essayait d'entraver mon travail à la Bibliothèque, et d'y rendre mon existence difficile et pénible.

Je me laissai persuader, et partis en Décembre 1872 pour Saint-Georges sur Loire, chef-lieu de l'arrondissement d'Angers, où mon père habitait alors. Mal m'en prit. Après quelques jours d'attente et d'observations, voyant que je ne répondais pas aux sollicitations indirectes de mariage qui m'étaient faites, on recommença de me soumettre à un système de tracasseries, d'avanies et de provocations qui me furent d'autant plus sensibles que les plus irritantes et les pires me venaient de mon père et de ma mère. Mes parents furent certainement contraints alors d'agir de la sorte, car leur conduite, à partir de cette époque, cessa complétement de ressembler à celle qu'ils avaient tenue précédemment envers moi, et j'ai pu me convaincre à plusieurs reprises que leurs paroles, leurs actes, leur étaient dictés, imposés par des personnes étrangères.

Au bout de quinze jours, je repartis pour Paris. Les provocations aussitôt redoublèrent, devinrent intolérables. Dans les voitures publiques, dans les rues, jusque chez moi je les rencontrais, le plus souvent indirectes et sous forme d'allusions plus ou moins transparentes, ou d'attaques déguisées, — quelquefois directes et personnelles. Je ne savais pas alors qu'un des procédés favoris de la police, quand elle prépare une séquestration arbitraire, est de soumettre la personne qu'elle veut arrêter à un système calculé, continu de vexations et d'outrages ; de la harceler jusqu'à ce qu'elle commette une violence qui la fasse arrêter, et dont plus tard on se servira comme d'un moyen d'intimidation, — ou jusqu'à ce qu'elle porte une plainte dans laquelle on découvre d'autant plus facilement les symptômes de la manie ou du délire de la persécution, qu'on a eu soin de les y mettre, qu'on a du moins tout préparé pour qu'ils s'y trouvent. J'ignorais aussi qu'afin d'accroître l'exaspération de la personne ainsi poursuivie, on lui administre à son insu des substances toxiques qui la surexcitent ; et n'étant point en garde comme je le suis aujourd'hui contre leur action, ne la sentant point naître et se développer, je n'étais pas aussi capable de la maîtriser que je le suis devenu. Je voyais très-bien cependant qu'on voulait m'arrêter, et comme j'avais été plusieurs fois insulté, provoqué même directement, afin de me défendre contre des agressions personnelles que je n'avais pas tort de prévoir, car elles se sont produites plus tard, j'achetai un revolver. Puis, quelques jours après mon arrivée à Paris, voulant avoir une explication catégorique avec mon père, et savoir de lui ce qu'on voulait de moi, je repartis pour Saint-Georges.

Bien que je n'ai pas sû le démêler dans le moment, j'étais alors, je le répète, sous l'action de substances toxiques. L'expérience que j'ai plus tard acquise des pratiques de la police, et le souvenir de ce que je ressentais, me permettent de l'affirmer de la façon la plus positive. Ma surexcitation était si grande, que je sentais en quelque sorte vibrer mes nerfs, et qu'il s'y produisait, sous l'influence du poison, des mouvements qui me faisaient affluer le sang à la tête, me donnaient le vertige, et, malgré moi, me précipitaient en avant.

Cependant on ne craignit pas alors, sachant que j'avais une

arme chargée dans ma poche, de me faire provoquer publiquement par mon père. Tandis que j'attendais, dans une des salles de la gare d'Angers, le départ du train, mon père s'avança jusqu'à la porte, fit mine de me chercher du regard; puis, quand il m'eût aperçu, d'un sourire et d'un signe de tête, il marqua son contentement de me voir revenu, de me tenir de nouveau en son pouvoir, et il s'éloigna. J'avais eu la force de me contenir. Mais à mon arrivée à Saint-Georges, où je ne trouvai que ma mère, j'éclatai en reproches, je fis du bruit, et comme c'était le soir et qu'on me savait armé, on saisit l'occasion si longtemps cherchée en vain; on me fit arrêter par les gendarmes (2 Janvier 1873) et conduire le lendemain à la maison d'aliénés de Sainte-Gemmes. Mais cette maison d'aliénés avait alors et a, je crois, encore pour médecin en chef un de mes anciens condisciples de l'Ecole de Médecine d'Angers, qui ne refusa pas, lorsque je le lui demandai, de faire constater par deux médecins que je n'étais nullement malade. Le surlendemain, sur l'avis favorable émis par MM. le Dr ***, directeur de l'Ecole de Médecine d'Angers, et le Dr ***, qui m'étaient venus voir, j'étais mis en liberté, et sur le champ je partais pour Paris où, huit jours aprés, sans motif plausible, sans l'ombre même d'un prétexte, j'étais arrêté de la façon que j'ai dite et enfermé à Charenton.

Quelques jours après ma séquestration, je remis au médecin en chef, M. ***, une lettre adressée à M. le Président du Tribunal Civil de la Seine, où je demandais ma mise en liberté. Je ne sais ce qu'il en advint; mais elle demeura sans réponse. Il en fut de même d'une autre que je remis plus tard au domestique qui me servait pour qu'il la jetât à la poste. Alors je m'adressai à mon père. Bien que j'eusse sérieusement à me plaindre de sa conduite envers moi, je ne pouvais croire, et je ne crois pas encore qu'en toute cette affaire il ait agi librement ou spontanément. Il a cédé, j'en suis convaincu, à des suggestions, à des ordres, sans doute à des menaces qu'il n'a pas su mépriser.

N'ayant pu le voir à Saint-Georges, je désirais avoir une explication avec lui. Il vint quand je l'en priai, fit même plusieurs fois le voyage de Paris. Mais tandis qu'il m'endormait par des promesses de faire des démarches afin d'obtenir ma mise en liberté, promesses qu'il ne tenait point, il agissait à mon insu dans un sens directement opposé. Il obtenait successivement : de M. * * *, qu'il m'enlevât ma place à la Bibliothèque Nationale, en me faisant mettre en disponibilité sans traitement ; puis de M. * * *, administrateur de la maison de Charenton, qu'on vendit mes meubles. La preuve de cette duplicité se trouve dans les lettres que mon père m'adressait à Charenton, et dans celles qu'il écrivait en même temps, et dans un sens directement contraire, à M. * * *, lequel les a toujours en sa possession. Elle résulte aussi du procès-verbal de vente de mon mobilier, procès-verbal dans lequel je suis qualifié dérisoirement d'aliéné (j'en possède une copie), et où je relève ces deux assertions matériellement fausses : *qu'on ne prévoit pas que ma guérison soit prochaine, et que je n'ai pas les ressources suffisantes pour louer même une chambre où mon mobilier puisse être déposé.*

Or le 28 Juin 1873, alors qu'on ne craignait pas, par de pareilles allégations, d'abuser la justice, laquelle met du reste à se laisser induire en erreur une bonne volonté ressemblant fort à de la connivence, les médecins de l'établissement, chaque jour, m'annonçaient ma mise en liberté prochaine. Trois mois après, j'étais en effet relâché, et si j'étais sans ressources, c'est que mon père, quelques jours avant ma première arrestation, m'avait emprunté mille francs ; et trois jours après la seconde, s'était fait ouvrir mon appartement et s'était emparé d'une somme de huit cents francs environ, représentant l'argent comptant que j'avais alors en ma possession. Je possède des règlements de compte ultérieurs, signés de mon père, qui établissent ces deux derniers faits d'une façon positive.

Mais on avait atteint le but qu'on poursuivait, lequel était de me contraindre à retourner à Saint-Georges chez mon père, à ma sortie de la maison d'aliénés, et de me replacer sous le régime que je n'avais pas voulu supporter d'abord, jusqu'à ce que je consentisse au mariage qu'on voulait m'imposer.

Il était difficile en effet qu'après avoir été dépouillé de ma place, de mes meubles et de mon argent, je pusse rester à Paris. Afin de m'en enlever jusqu'à la pensée, on me fit conduire à la Préfecture de Police, le jour de ma sortie, et l'on me donna très-clairement à entendre, en me délivrant l'ordre de ma mise en liberté, qu'il m'était accordé seulement à la condition que je retournerais dans ma famille. (30 Septembre 1873).

Je ne pouvais me dispenser d'aller à Saint-Georges, puisque mon père y détenait mon argent, et je m'y rendis. Mon père me contraignit d'abord à rester un mois chez lui, en refusant d'opérer la restitution avant ce délai ; puis, par des promesses mensongères, et ensuite par la menace, on trouva moyen de m'y retenir dix mois entiers.

Dès mon arrivée, le système d'injures, de vexations, de provocations de toute nature auquel j'avais été précédemment soumis, redoubla. Tout fut mis en œuvre pour me rendre l'existence intolérable. En même temps les toxiques étaient employés avec un redoublement de brutalité, et j'étais, de toutes façons, mis à un véritable supplice.

Décidé à repartir pour Paris, mais voulant, avant de m'y rendre, m'assurer la protection de la justice, j'allai, au mois de Janvier 1874, trouver M. le Procureur de la République d'Angers et lui fis connaître la situation dans laquelle je me trouvais. Après m'avoir écouté fort attentivement, M. le Procureur de la République se contenta de me dire : « C'est bien, Monsieur, repassez dans trois jours, je serai alors en mesure de vous répondre. » Trois jours après, en entrant dans son cabinet, la première personne que j'apercevais était mon père, et après quelques demandes d'explications auxquelles il ne prit même pas la peine de répondre, M. le Procureur de la République me mit dans cette alternative de retourner immédiatement chez mon père, ou de subir une nouvelle séquestration dans une maison d'aliénés.

Vous le voyez, Messieurs, je n'avais pas tort de vous dire, en débutant, que la magistrature avait été plus d'une fois complice de ces excès de pouvoir et de ces violences, car M. le Procureur de la République m'avait tendu un véritable guet-apens : et j'aurais dû le prévoir, car lorsque je m'étais plaint qu'on m'administrât des substances toxiques, il m'avait répondu d'un air moqueur : « Ah ! vraiment ! on a donc des moyens de persuader les gens qui ne veulent pas entendre raison. » Si ce ne sont pas les termes précis, c'est du moins le sens très-exact de sa réponse.

Contraint de retourner chez mon père, j'y fus soumis à un redoublement de mauvais traitements, et comme on supposait que j'avais perdu tout espoir d'obtenir justice, on n'épargna rien pour m'effrayer ni pour me décourager. Chaque jour c'était une souffrance, une torture nouvelle. On épuisa, je crois, sur ma personne, tous les moyens de faire souffrir que renferme l'arsenal de la toxicologie. En même temps les tentatives les plus honteuses, les plus immondes étaient faites pour éveiller en moi des idées érotiques et des désirs de mariage. J'étais tenu sous l'action continue des aphrodisiaques, poussée parfois jusqu'à me causer de véritables crises nerveuses. Pour vous donner une idée des moyens auxquels on ne craignit pas d'avoir recours, je vous citerai ce seul fait, car il me répugne de remuer de pareilles ordures : Un jour que j'étais dans un de ces paroxysmes et que je me trouvais à ma fenêtre, je vis se dresser devant moi, derrière la fenêtre d'une maison voisine, une femme complétement nue.

J'eus assez d'énergie pour tenir bon jusqu'à la fin, et, de guerre lasse, on me laissa revenir à Paris. Mon père fut chargé de me prévenir que j'y pouvais retourner.

Alors mon existence entra dans une phase nouvelle et, pour vous en donner une idée exacte, il est nécessaire que j'en fasse précéder le récit de quelques explications générales.

III.

Il existe certainement, à côté du gouvernement officiel ou dans son sein, je ne sais lequel, un gouvernement occulte, sorte de vaste association ou société secrète dont j'ignore l'organisation, puisque je n'en fais pas partie, mais dont j'ai constamment éprouvé l'action très-manifeste, car cette action, il mettait un véritable acharnement à me la faire sentir, afin de me convaincre que j'avais entrepris une lutte inégale, insensée, dans laquelle je serais nécessairement écrasé.

Ce gouvernement occulte, qui doit compter un nombre énorme d'affiliés, a des intelligences secrètes, des ramifications dans toutes les grandes administrations publiques ; et il dispose certainement en maître absolu de quelques-unes d'entre elles, notamment de la police, où se trouve peut-être son centre véritable.

Il a pour principe que la fin justifie les moyens, et il ne recule devant aucun, pas même devant les plus criminels, pour arriver à son but. Il a pour armes l'espionnage et le poison, et il exerce la plus dure tyrannie sur ses membres, dont un très-grand nombre ne sont point volontairement entrés dans ses cadres, mais y sont retenus par l'intimidation, le chantage ou la crainte de perdre leurs moyens d'existence. Il les maintient sous un régime de surveillance, d'entraînement et d'excitations périodiques qui est un véritable esclavage. Il les contraint d'obéir à des mots d'ordre dont le plus souvent ils ignorent la signification et la portée véritable, et tantôt s'en amuse comme de jouets, tantôt s'en sert comme d'instruments aveugles pour exécuter les desseins les plus condamnables, les actes les plus répréhensibles. Il soumet la population à un régime toxique qui tantôt surexcite en elle les facultés et tantôt les paralyse, les diminue du moins d'une façon notable. Afin de mieux la dominer, il développe outre mesure ses appétits sensuels, notamment l'ivrognerie et la débauche. Il en maintient une partie dans un état calculé de dégradation, et tant par son action directe que par les funestes exemples qu'il donne, il est la cause d'une effroyable démoralisation.

L'administration des toxiques à petite dose est générale, je pourrais dire universelle, car une grande partie de la population s'y trouve soumise d'une façon continue, et le reste, d'une manière moins suivie peut être, mais à coup sûr très-fréquente. Du jour où mon attention fût éveillée sur ce point j'ai pu constater le fait à chaque instant, en quelque sorte, tant sur les personnes avec lesquelles j'étais en relation que sur les passants, dans la rue.

Cette administration de toxiques à petite dose constitue un moyen de gouvernement. Il sert à la fois à éprouver les gens, à les maintenir sous une discipline de fer, et à les châtier toutes les fois qu'ils s'écartent des règles qu'on leur impose, ou n'obéissent pas aveuglément aux ordres qu'on leur donne. Afin de reconnaître quels sont en chaque individu les goûts, les passions, les aptitudes qui prédominent, on surexcite tour à tour ses appétits et ses facultés; puis, quand on les a développées, on leur fournit l'occasion de se déployer, soit en appliquant l'esprit à des tâches déterminées, soit en soumettant les passions exaltées de la sorte à des tentations, des provocations préparées d'avance, en leur tendant des piéges plus ou moins adroitement calculés.

Grâce à ce système peu scrupuleux, on arrive à reconnaître assez bien quelles sont les aptitudes de chaque personne, à quel travail elle est plus spécialement propre; quels traquenards on devra lui tendre lorsqu'on voudra lui faire commettre des actes répréhensibles qui la mettent, par la crainte d'une révélation, à la discrétion et sous la dépendance du gouvernement occulte:

de quelle manière il faudra s'y prendre pour la gouverner facilement et à son insu ; enfin, lorsqu'on voudra la châtier, quelles sont les parties les plus sensibles de son caractère, de son cœur et de son âme, celles dans lesquelles on devra la frapper pour la faire souffrir.

Il existe en outre un système d'espionnage occulte parfaitement organisé, dans lequel chaque membre de l'association est chargé d'épier, de contrôler les actes des autres affiliés, afin d'en rendre compte à des surveillants spéciaux qui centralisent et vérifient les rapports. Ces surveillants ont aussi la tâche de distribuer les mots d'ordre, d'appliquer les châtiments, de répartir les substances toxiques, et surtout de soumettre tous les membres à un système calculé d'épreuves. Ce système rend l'existence très-pénible, car il en augmente toutes les peines et il en gâte toutes les joies ; mais il présente cet avantage de terroriser les gens et de les tenir dans la plus étroite dépendance, en leur faisant sentir que la main des chefs pèse constamment sur eux, et est prête à les frapper à la moindre velléité de résistance.

Le gouvernement occulte, par cette constante intervention dans les actes les plus intimes de ses affiliés, dispose souverainement de leur santé, de leurs affections, de leur fortune, en un mot de leur sort. Il décide la plupart du temps dans quelle carrière ils entreront, et par ses puissants moyens de pression, il arrive presque toujours à la leur faire embrasser. Il les y suit pas à pas, y règle, suivant leur mérite ou ses intérêts, les échecs, les succès qu'ils éprouveront. Il peut en effet, s'il les veut entraîner dans une voie fâcheuse, développer leurs passions prédominantes à un degré tel qu'il leur soit bien difficile d'y résister. Il lui suffit aussi de donner un mot d'ordre pour écarter de la personne qu'il veut frapper ses connaissances, ses amis, même ses proches, — pour lui enlever tous ses moyens d'existence, ou la ruiner et la réduire à la misère.

Les petits, les faibles, les femmes en particulier sont principalement victimes de ce système odieux de gouvernement qui, pour seul principe, reconnaît la force, et écrase impitoyablement ceux qui manquent de protection ou, par une cause ou par une autre, tombent sous sa dépendance. Tous les travailleurs, ceux de l'intelligence comme des professions manuelles, sont, suivant les circonstances ou les intérêts de l'association, soumis à un régime d'entraînement calculé qui, certainement, doit, à la longue, user les forces et abréger l'existence.

L'enfance elle-même n'est pas respectée, et dès l'âge le plus tendre, on surexcite les sens, on cherche à faire naître les passions, afin de reconnaître de bonne heure les dispositions individuelles, et de les pouvoir exalter ou réprimer suivant qu'elles sont ou non en accord avec les vues des parents et de l'association. Systématiquement, on donne aux appétits surexcités à l'aide de toxiques, une intensité qu'ils n'ont point naturellement, afin qu'ils tiennent une place plus large dans l'existence, et qu'en devenant la préoccupation constante, souvent unique, ils détournent d'aspirations plus hautes, et paralysent toute pensée de révolte ou d'émancipation.

Les femmes, celles du peuple surtout, sont soumises à l'action répétée des aphrodisiaques, et lorsqu'elles sont sous cette influence, à des excitations à la débauche, à des sollicitations auxquelles il faut certainement une vertu peu commune pour résister. Mais si le gouvernement occulte n'avait pas recours à ces moyens, il ne pourrait recruter l'immense troupeau de prostituées de tout rang et de toute forme qui est un de ses plus puissants moyens d'espionnage et de gouvernement ; et il les emploie avec le cynisme le plus révoltant. Quant aux malheureuses qu'il a de la sorte débauchées, il les tient dans un état de surexcitation constante qui achève de les dégrader et de les avilir, qui souvent les fait descendre à un niveau voisin de la bestialité. Elles sont entre ses mains, dans le sens le plus strict, des esclaves et des jouets.

Une de ses pratiques les plus dangereuses et les plus condamnables, lorsqu'il a pour un motif ou pour un autre, à demi paralysé l'intelligence d'une personne par l'action d'un toxique, ou bien lorsqu'il l'a jetée dans la surexcitation la plus vive, consiste à lui tendre des piéges pour la dépouiller, à lui faire contracter, par exemple, des engagements contraires à ses intérêts, ou bien à la provoquer afin de lui faire commettre des actes de violence, même des crimes. Bien que la police sache que cette personne n'avait pas alors l'entière possession de sa volonté, elle ne craint pas cependant, dans ce dernier cas, de la traduire devant les tribunaux, et des magistrats qui ne peuvent ignorer dans quelles conditions le crime, le délit a été commis, châtient et condamnent comme si l'accusé avait eu la responsabilité complète de ses actes. Ce qu'il y a de grave dans de pareils faits, et ce qu'ils doivent engendrer de haines et de démoralisation, vous devez facilement le comprendre, Messieurs les Députés, et, sans insister davantage, j'arrive aux faits qui m'ont conduit à émettre ces assertions, et qui leur servent de base.

Pour l'administration des toxiques, elle est certaine, évidente, et tout médecin, dès que son attention se trouve éveillée sur ce point, et qu'il est instruit de la véritable cause des phénomènes qu'il a sous les yeux, ne saurait la méconnaître. Je dis qu'il faut que son attention soit éveillée sur ce point, car les toxiques étant d'habitude administrés à petites doses, il ne se produit pas de phénomènes pathologiques à proprement parler, mais une simple exagération des phénomènes physiologiques : ainsi, par exemple, un redoublement d'activité physique et morale, une accélération très-manifeste de la pensée, de la parole, de tous les mouvements, une joie, une tristesse excessives. Il est donc nécessaire qu'on soit sur ses gardes ; autrement on pourrait attribuer à des causes morales, ou au tempérament de l'individu, ce qui est en réalité l'effet du poison administré à petites doses. Ces phénomènes, je les ai constatés d'une façon continuelle sur les personnes avec lesquelles je me suis trouvé en relation passagère, ou suivie. J'ai pu, sur moi-même, en étudier très-attentivement l'action, et je puis affirmer avec la plus entière certitude qu'ils sont administrés partout, dans les maisons particulières comme dans les hôtels et restaurants. Il est de toute impossibilité que je me trompe, car, comme on voulait m'intimider, loin de me cacher ces faits, on avait recours à toutes sortes de moyens indirects pour me les faire comprendre, pour tâcher même de m'en exagérer la portée. Sans cesse, soit par des paroles jetées en passant, soit par des gestes répétés, et quelquefois obscènes, les affiliés, dans la rue, m'ont prévenu, me préviennent encore que des substances toxiques ont dû ou doivent m'être administrées, que j'éprouverai tel ou tel symptôme, et presque toujours la prédiction s'est réalisée. Grâce au système de surveillance, d'espionnage et de contrôle qu'il exerce sur ses affiliés, ce gouvernement occulte doit avoir en effet mille moyens d'arriver à ses fins et d'atteindre les individus qu'il veut frapper.

J'ai la certitude aussi que nombre de gens malades le sont parce que, pour les punir ou se venger, le gouvernement occulte leur administre le poison à hautes doses et souvent à doses mortelles. Je suis convaincu qu'on en trouverait fréquemment la trace si, dans les autopsies, au lieu de s'inquiéter seulement de quelle affection le malade est mort, on cherchait en outre s'il n'a point été soumis à l'action de substances capables de déterminer l'ensemble de lésions et de symptômes auxquels il a succombé.

Quant à l'espionnage, il n'est pas moins bien organisé. Je n'ai pu naturellement pénétrer les moyens à l'aide desquels il s'exerce; mais j'ai pu constater de la façon la plus positive que j'étais, non-seulement au dehors, mais chez moi, dans mon logement, l'objet d'une surveillance constante, minutieuse, qu'on me faisait sentir par tous les moyens possibles, afin de me lasser et de m'irriter. Durant les six années qui viennent de s'écouler, je ne me suis pas mis une seule fois au travail sans que, par des bruits de toute sorte, on n'ait cherché à me troubler, à m'empêcher de lire ou d'écrire. Souvent on s'est amusé, lorsque je me livrais à une occupation quelconque, à me faire crier au dehors ce que je faisais, comme s'il se fût agi d'une autre personne, afin de bien me convaincre qu'aucun de mes actes n'échappait à cette surveillance occulte.

En mon absence, constamment on entrait chez moi, ce qui ne pouvait se faire qu'avec la connivence du concierge ou d'autres habitants de la maison. On déplaçait mes papiers, on les cachait, on les enlevait même, ou bien on déchirait ou tachait mes livres, mon linge, mes habits, tous les objets à mon usage. Le fait, du reste, ne doit pas m'être particulier, et je suis persuadé que le gouvernement occulte, par ses agents ou par ses affiliés, pénètre de même dans les logements où il a intérêt à entrer. Je suis même convaincu qu'il n'est pas de serrure dont il n'ait la clef. J'ai pu cependant, sous ce rapport, me mettre à l'abri de ses atteintes en faisant faire en acier un cadenas à lettres avec lequel je ferme ma porte intérieure.

Sur le grand nombre des affiliés, je n'ai pas été édifié d'une manière moins complète, car un des moyens les plus constants dont on ait usé pour me lasser et m'irriter, a été de me soumettre à un régime permanent de moqueries, toujours les mêmes. Les personnes avec lesquelles je me trouvais en rapport répétaient dans la conversation, d'un ton plus ou moins ironique, certaines expressions qui me sont familières (chacun a les siennes) ou bien me barraient le passage, cherchaient à me heurter, et s'arrangeaient de façon à bien me montrer que ces provocations n'étaient point accidentelles, mais volontaires et préméditées.

A ces signes très-évidents, j'ai pu reconnaître les individus que le gouvernement occulte, de gré ou de force, maintient dans sa dépendance, et je puis dire qu'ils sont innombrables, et comprennent la plus grande partie de la population. J'ai pu me convaincre aussi de l'action inquisitoriale et souveraine que ce gouvernement occulte exerce sur les relations d'affaires, au moins quand son intérêt l'exige, car nombre de personnes avec qui je me suis trouvé en rapport n'ont jamais rien conclu avec moi sans qu'on me fît bien sentir qu'elles n'agissaient qu'avec son autorisation. Elles ont souvent refusé des propositions qu'il eût été de leur intérêt évident d'accepter. J'ai de plus trouvé fermées nombre de portes qui se fussent certainement ouvertes pour moi, si son influence ne se fût interposée. Tout a été mis en œuvre pour m'occasionner des pertes de temps, m'enlever mes ressources, mes relations, et me réduire par les privations et la misère.

Le chapitre des provocations est peut-être celui sur lequel je puis m'expliquer de la façon la plus catégorique, car j'en ai subi de toutes sortes, dont j'ai déjà signalé une partie, et sur lesquelles je vais revenir tout-à-l'heure. J'en ai vu exercer plus d'une aussi sous mes yeux, et avant même d'être l'objet des mauvais traitements de toute nature auxquels je suis soumis depuis plus de six ans, j'en avais éprouvé de fréquentes, sans savoir qu'elles fussent calculées. La tactique la plus usuelle du gouvernement occulte consiste certainement à tendre des pièges de toute nature, afin de faire commettre des actes délictueux ou criminels qu'il ne poursuit pas, mais dont il se sert comme d'un moyen de contrainte et d'intimidation pour obliger les personnes prises de la sorte à entrer dans son association et à s'en faire les serviteurs. J'ai eu le bonheur d'échapper à ceux qui m'étaient tendus. Mais j'ai vu d'autres personnes tomber dans ceux qu'on dressait sous leurs pas, et il est un fait que je vous signale particulièrement, parce qu'il est d'une fréquence extrême. Des parents qui veulent s'attribuer sur leurs enfants une autorité plus grande que celle accordée par les lois aux pères de famille ont recours à un moyen presque infaillible. Ils s'adressent à la police qui, par des substances toxiques, surexcite les passions des jeunes gens et les met en rapport avec des femmes à elle, qui leur font commettre des dépenses exagérées, des folies; puis les parents, intervenant tout-à-coup, font donner un conseil de famille à leurs fils par les tribunaux qui l'accordent, bien qu'ils ne puissent ignorer de quels moyens odieux on s'est servi pour se mettre en mesure de l'obtenir.

Après ces explications préalables, je vais pouvoir achever rapidement ce qu'il me reste à dire.

IV.

Depuis mon retour à Paris, je n'ai pas cessé d'être soumis à l'action des toxiques les plus variés, appliqués à doses que j'appellerai coërcitives, car on ne les fait prendre ainsi qu'aux gens enfermés dans les prisons et les bagnes, ou bien aux personnes auxquelles on veut faire expier des actes délictueux ou criminels restés légalement impunis. On a mis tout en œuvre pour m'enlever mes relations, mes ressources, en un mot tous mes moyens d'existence. On m'a fermé nombre de portes qui certainement se seraient ouvertes, s'il n'eût existé de secrètes défenses. On a fait retarder indéfiniment la publication de quelques-uns de mes travaux ; on a cherché, de toutes manières, à me mettre dans l'embarras. On voulait, à tout prix, m'empêcher d'acquérir des ressources qui me permissent de dévoiler les excès de pouvoir dont j'ai été victime, et de m'adresser aux tribunaux pour en obtenir justice. On n'a rien épargné non plus pour me rendre le travail pénible, presque impossible, soit en me soumettant à l'action de toxiques qui paralysaient mon intelligence et augmentaient dans des proportions considérables les difficultés, déjà si grandes, de mon travail d'homme de lettres, soit en maintenant mon système nerveux dans un état de surexcitation telle que le moindre bruit me devenait douloureux, et en faisant alors autour de moi un vacarme qui me rendait tout travail de réflexion et de concentration impossible.

Dans la rue, signalé partout sur mon passage par les agents secrets de la police et du gouvernement occulte, j'étais l'objet, non-seulement de moqueries, mais de provocations constantes. On me heurtait, on me bousculait d'une façon, non pas accidentelle, mais continue, et maintenant encore je ne puis sortir qu'armé d'une canne, et je suis obligé de me tenir constamment sur la défensive, car dès qu'on pense pouvoir me saisir hors de garde, on arrive et l'on me heurte et me pousse. Souvent même, bien que je reçoive sur ma canne les gens qui viennent m'assaillir de la sorte et qu'ils soient sûrs de s'y frapper, on les force à se jeter sur moi et à recevoir le coup, sans doute afin de me persuader que ma résistance n'empêchera pas de me troubler et de me provoquer. Puis les gens qui sont venus ainsi me heurter m'insultent et me poursuivent des plus grossières injures. Ils le peuvent faire en toute sécurité, car j'ai remarqué qu'en ces circonstances jamais il ne se trouve en vue un sergent de ville dont je puisse invoquer la protection.

J'ai été de plus assailli, frappé, arrêté plusieurs fois par des agents de la police secrète ou du gouvernement occulte.

Le 17 Septembre 1875, un individu qui a déclaré s'appeler * * * *, être âgé de 32 ans, comptable, et demeurer * * * *, après m'avoir heurté sur le boulevard de la façon la plus provocante, m'a fait arrêter par un sergent de ville et conduire chez le commissaire de police de la Rue de Hanovre, dans le but unique de me faire une avanie, car il n'avait aucun motif de me poursuivre, et s'est bien gardé, dans le fait, de donner la moindre suite à sa plainte.

Le 7 Août 1876, un individu très-convenablement vêtu, décoré de l'ordre de la Légion d'Honneur, m'assaillait de la façon la plus brutale sur le quai de l'Hôtel-de-Ville et me bousculait ; puis, souffleté par moi, gardait le soufflet et ne ripostait pas. Voulant constater de quelle source me venaient ces provocations, je le suivis, et le fis arrêter par le sergent-de-Ville IV. 209, puis conduire au poste de la Rue Geoffroi-Lasnier, pour avoir son nom et des explications sur les motifs de sa conduite. Mais quand j'eus déposé ma plainte, il dit quelques mots à voix basse à l'oreille du brigadier, qui non-seulement refusa de me donner le nom de cet individu, mais me garda pendant un quart d'heure dans le poste, afin de donner le temps à mon agresseur de s'éloigner.

Huit jours après, le 14 Août 1876, je fus provoqué de la même manière sur le boulevard St-Germain par un ouvrier qui saisit ma canne et essaya de me l'enlever. Cet ouvrier est un fumiste nommé * * *, et demeurait alors Rue Galande, 52. J'ai pu le savoir en le suivant jusque dans cette rue, où l'intervention de deux sergents de ville, que j'y rencontrai enfin, me permit d'obtenir le nom de cet individu chez son logeur.

Le 15 Septembre 1876, j'ai été accosté et injurié par un individu qui déjà, le 30 Juin de la même année, s'était attaché à mes pas dans le Luxembourg et m'avait suivi le long de l'allée de l'Observatoire, en m'injuriant et me provoquant de la façon la plus grossière. Cet individu, que j'ai depuis lors plusieurs fois rencontré sur mon chemin, m'a dit se nommer * * *.

Le 16 Novembre 1876, sur le quai de l'Hôtel-de-Ville, au même endroit et à la même heure où j'avais été heurté et frappé le 7 Août 1876, alors que j'avais les mains embarrassées de paquets, je fus assailli de nouveau par un individu qui, repoussé par moi, me lança un coup de pied furieux, déchira le devant de ma chemise, puis, comme je m'étais mis en état de défense, cessa de me frapper, mais se mit à m'injurier, me traita notamment de mouchard. J'ai pu prendre à témoin de ce dernier fait le commissionnaire 12,293. Je fis arrêter cet individu par un sergent de ville, et je me rendis avec lui chez le commissaire de police de la Rue Vieille-du-Temple. Les employés du commissariat prirent et me donnèrent son nom (* * *, cordonnier, âgé de 34 ans, demeurant * * *). Mais le commissaire de police refusa de recevoir ma plainte, et nous renvoya en nous disant que nous étions *deux imbéciles*.

Cet individu, de toute évidence, m'avait été détaché par l'agent de la police secrète ou du gouvernement occulte que j'avais souffleté au même endroit le 7 Août 1876 ([1]).

Je suis d'autant plus en droit de le croire que ce même agent, depuis lors, affecta plusieurs fois de se trouver sur mon passage, toujours sur le même quai et à la même heure, et de nouveau m'y provoqua et m'y heurta. Voulant mettre un terme à ces provocations, je le fis arrêter de nouveau par le sergent de ville IV. 94, et conduire au poste de la rue Geoffroi-Lasnier, devant le brigadier IV. 8. Ce brigadier nous fit conduire chez le commissaire de police de la Rue Vieille-du-Temple, le même qui précédemment m'aveit traité d'imbécile, et ce commissaire de police, sans vouloir entendre la moindre explication, m'envoya au poste de la mairie du IV° arrondissement, où l'on me retînt enfermé, dans la prison, pendant une demi-heure. Puis on me ramena chez le commissaire de police, lequel me déclara du ton le plus brutal que si je cherchais de nouveau à connaître le nom de mon agresseur, il m'enverrait au dépôt de la préfecture, et que je n'en serais pas quitte à si bon compte.

J'étais véritablement à cette époque hors la loi et la justice. Je n'avais pas les ressources nécessaires pour m'adresser aux tribunaux, et je ne connaissais personne qui put me protéger. Bien que, chaque fois que j'étais l'objet de ces agressions, je les signalasse au Comité de la Société des Gens de Lettres dont je suis membre, et qu'on me promit de les faire cesser, il n'était tenu aucun compte de ses plaintes, et les attaques personnelles, les provocations suivaient leur cours habituel.

On se croyait tout permis envers moi. Devant les tribunaux

[1] J'ajoute que ces provocations ont toujours eu lieu à des moments où j'avais pu trouver à faire un travail de quelque importance, et avaient pour but évident de m'en distraire ou de m'en détourner en m'irritant ou en m'effrayant.

eux-mêmes lorsque, dans deux circonstances où j'ai pu le faire, je me suis adressé à eux pour la défense de mes intérêts, je n'ai pu obtenir justice. Ainsi dans une affaire devant le tribunal de commerce, que j'avais intenté à M. * * *, non-seulement on ne tint pas un compte sérieux de mes demandes, mais dans un des considérants du jugement rendu le 2 Décembre 1875, on fit insérer, dans le but évident de me brouiller avec M * * * d'une façon définitive, une allégation calomnieuse, portant atteinte à ma considération personnelle et professionnelle. Il y est dit que j'avais *copié* un de mes articles dans la *Revue des Deux-Mondes*, alors que le fait est matériellement faux. J'en puis fournir la preuve.

Dans une autre affaire devant la justice de paix du IVe arrondissement, bien qu'il fût évident qu'on ne refusait de me rendre ce qui m'appartenait qu'afin de me vexer et de me faire perdre du temps, je ne pus obtenir la moindre indemnité.

Ma position s'est améliorée depuis deux ans, sous certains rapports, grâce à plusieurs personnes qui ont bien voulu s'intéresser à moi et m'aider de leur influence. Mais sous d'autres, elle a empiré, car lorsqu'on a vu que j'allais pouvoir me procurer des ressources suffisantes pour demander compte des vexations et des mauvais traitements qu'on m'avait fait subir, et rendre ces faits publics, on a redoublé de violences secrètes. Depuis un an, on me tient sous l'action continue, incessante, des aphrodisiaques administrés à haute dose, et de façon quelquefois à produire de véritables crises nerveuses. Comme je suis sous une surveillance constante, et que l'on connaît mes occupations et mes habitudes, on me les administre toujours de façon à ce que les effets s'en fassent sentir au moment où je dois travailler, et depuis cette époque, je n'ai pas écrit, je puis le dire, une seule ligne sans être sous cette influence, et sans avoir à lutter contre des symptômes souvent très-douloureux, que la volonté la plus énergique est parfois impuissante à dominer. Cette pétition surtout a été écrite dans ces conditions, et sous l'action d'une des plus hautes doses d'excitants et d'aphrodisiaques qu'on m'eût encore administrées, car c'est un des procédés familiers de ce gouvernement, lorsque je fais un travail qui lui déplaît et qu'il n'a pu m'empêcher d'entreprendre ni de poursuivre, de se venger de ma résistance en m'en rendant l'exécution extrêmement pénible, parfois presque impossible.

Je pourrais entrer dans beaucoup d'autres détails. Mais je ne dois pas, Messieurs, étendre outre mesure les proportions de cette pétition déjà longue. Je crois être entré dans des explications assez précises pour appeler votre attention sur les faits que je vous signale, et vous convaincre de leur importance. Je suis prêt du reste à vous fournir tous les renseignements que vous pourrez désirer.

Cette pétition, je n'ai point voulu vous l'adresser avant d'avoir acquis une connaissance des faits suffisante pour être sûr de ne rien dire qui ne fût exact. J'attendais aussi d'avoir les ressources nécessaires pour commencer des poursuites devant les tribunaux (*). Tout me sollicitait d'ailleurs à vous l'adresser, ma conscience aussi bien que le soin de ma sécurité personnelle, car je ne veux accepter aucune complicité avec ce gouvernement occulte, pas même celle du silence, et ce serait s'en rendre complice que de ne pas dévoiler ses actes, quand on les connaît, et de ne pas appeler sur ses odieuses pratiques et sur ses crimes la répression que vous avez le pouvoir d'exercer. J'ai rempli mon devoir ; je ne doute pas que vous fassiez le vôtre.

Paris, le 6 Octobre 1878.

Ernest FALIGAN,

Homme de lettres, *Quai d'Anjou, 11.*

(*) Ces poursuites, au criminel, doivent être faites par le ministère public, et je ne puis que joindre mon action à la sienne.

15 Mars 1879.

Messieurs les Députés,

J'ai reçu aujourd'hui 13 Mars 1879, du Bureau des Procès-verbaux et Pétitions de la Chambre des Députés une lettre ainsi conçue :

« La 7me commission des Pétitions a décidé qu'il n'y avait pas lieu de statuer sur la pétition nº 424 de M. Faligan, la signature de M. Faligan n'étant pas légalisée.....

« *Nota.* Si M. Faligan désire que sa pétition soit examinée, il est nécessaire qu'il en reproduise une dûment légalisée, la première ne pouvant plus être utilisée, et étant acquise de droit aux archives. »

Ayant le plus vif désir que ma pétition soit examinée, j'ai l'honneur de vous en adresser un nouvel exemplaire, sur lequel ont été remplies les formalités exigées par l'article 64 du Règlement de la Chambre des Députés.

Ma pétition, datée du 6 Octobre 1878, et que je renouvelle aujourd'hui, était ainsi conçue :

Et après l'avoir reproduite, je l'ai fait suivre de la note suivante :

Depuis le mois d'Octobre, j'ai peu de chose à ajouter aux faits rapportés dans cette pétition.

Mes observations, que je n'ai pas discontinuées, n'ont cessé de me confirmer l'exactitude de mes diverses assertions.

Je suis toujours soumis à l'action des aphrodisiaques administrés à doses plus ou moins élevées, et, comme par le passé, j'ai pu constater que les doses étaient exagérées jusqu'à la brutalité toutes les fois que je faisais une démarche de nature à déplaire à ce gouvernement occulte, ou bien encore à diverses époques du mois correspondant fort régulièrement à certaines dates dont le souvenir lui devait être désagréable, comme par exemple celle de l'envoi de ma pétition à la Chambre. Ces Messieurs, paraît-il, ont le culte des anniversaires.

Le 24 Novembre dernier, j'ai eu le malheur de perdre mon père, et cette perte m'a permis de vérifier ce dont j'étais déjà presque sûr, que ce n'était point à son instigation que j'étais en butte à ces mauvais traitements, car ils n'ont pas cessé depuis lors. On a eu certainement l'intention de me faire contracter un mariage que mes parents désiraient très-vivement ; mais si c'était un des motifs des excès dont j'ai eu à souffrir, ce n'était ni le seul ni le principal. Le but qu'on poursuivait, je n'en puis douter maintenant, c'était de me faire commettre une violence ou un acte quelconque qui donnât prise sur moi, et l'on n'a point sans doute perdu l'espoir de m'y amener, car les provocations continuent, et sont toujours à peu près les mêmes, de sorte qu'en réalité, aux yeux de ce gouvernement occulte, mon plus grand crime, sinon le seul, est de n'en avoir commis aucun.

Depuis le mois de Novembre, j'habite l'Anjou, mon pays natal, et comme j'y ai beaucoup de connaissances et que je m'y trouve dans un milieu sympathique, les provocations sur la voie publique ont à peu près complétement cessé, mais ce sont les seules, et je ne doute pas qu'elles ne recommencent lorsque je vais, au mois d'Avril, retourner passer quelques semaines à Paris. Le 24 Octobre dernier, un mois, jour pour jour, avant la mort de mon père, j'ai encore été l'objet d'une agression fort grave au restaurant *** de l'Exposition Universelle. Deux employés, après m'avoir provoqué de la façon la plus insolente, et obligé à les repousser parce qu'ils portaient la main sur moi, ont saisi ce prétexte pour m'assaillir tous les deux, me bousculer et me frapper. J'ai fait constater les faits, qui n'ont pas été niés du reste, par le commissaire de police de l'Exposition. Ces deux employés s'appellent l'un ***, l'autre *** et demeuraient, le 1er, 49, Rue de Rome, le second 312, Rue Marcadet. Ils m'ont assailli après le repas, alors qu'on m'avait administré dans l'établissement une substance m'ayant jeté dans une telle agitation que j'étais hors d'état de me défendre. En outre, l'agression s'est produite à la veille de mon départ de Paris, alors que mes affaires me rappelaient impérieusement à Angers et m'obligeant à y passer tout l'hiver, me mettaient dans l'impossibilité presque absolue de poursuivre mes agresseurs. Toutes ces circonstances étaient, cela va sans dire, parfaitement connues du gouvernement occulte, et c'est pour cela qu'il a choisi ce moment pour me faire attaquer. C'est toujours ainsi qu'il procède. Une lettre que j'écrivis le lendemain à M. le Préfet de Police pour lui signaler tant cet acte de violence que ceux relatés plus haut dans ma pétition, et pour lui demander l'autorisation de porter une arme sur moi, afin de me défendre, si j'étais attaqué de nouveau, est demeurée sans réponse.

Depuis l'envoi de ma pétition, j'ai écrit le 15 Janvier 1879 à M. le Procureur-Général près la Cour d'Appel de Paris pour le prier de poursuivre les auteurs de la séquestration arbitraire qu'on m'a fait subir, et lorsqu'un mois plus tard, le titulaire a été changé, j'ai renouvelé ma demande. Ces deux lettres sont demeurées sans réponse.

J'ai écrit le 17 Février à M. le ministre de l'Intérieur pour lui demander d'être entendu devant la commission d'enquête sur la Préfecture de Police : mais la dissolution, le même jour, de cette commission a rendu ma demande vaine.

Enfin, le 11 Mars dernier, j'ai écrit à M. Andrieux, Préfet de Police, pour lui signaler les faits dont j'avais à me plaindre, et lui proposer de lui communiquer ma pétition. Ma lettre, jusqu'à ce jour, est demeurée sans réponse (*).

ERNEST FALIGAN
à Saint-Martin-La Forêt, à Angers
(Maine-et-Loire).

(*) Il en est de même d'une lettre semblable adressée le 20 Mai dernier à M. le Ministre de la Justice.

www.ingramcontent.com/pod-product-compliance
Ingram Content Group UK Ltd.
Pitfield, Milton Keynes, MK11 3LW, UK
UKHW020515180726
13839UKWH00005B/2100

9 782329 496337